Sophie Verhille - Grégory Béal

La collection de bisous

Merci à ma famille, sans qui rien n'aurait été possible
et à mon chéri, à qui je vole plein de bisous !
Sophie

A Imane et Jad et tous les affamés de bisous du monde.
Grégory

Sophie Verhille - Grégory Béal

La collection de bisous

Editions Millefeuille
Collection Trampoline

Lila adore les bisous.
Elle en veut tout le temps :
avant de se coucher,
quand elle se réveille le matin,
quand Papa s'en va travailler,
avant de partir à l'école…
C'est simple, elle n'en a
jamais assez et en réclame
à longueur de journée !

Mais depuis que Ben, son petit frère,
est arrivé dans la famille,
rien ne va plus…

Papa et Maman sont toujours
autour de lui, à lui faire des calinous,
des poutous, plein de bisous !

Et attention,
des bisous partout :
sur le nez, sur le front,
dans le cou… et même
les préférés de Lila,
les bisous sur le ventre,
ceux qui chatouillent
et font pleurer comme
les crocodiles !

Elle les surprend souvent à rigoler ensemble :
quand Papa fait des bisous chatouilleurs à Ben,

quand Maman lui fait des poutous le soir, quand il rentre
de chez la nounou qui, elle aussi, le couvre de bisous !

Du coup, Lila a l'impression
d'en avoir moins qu'avant
et ça, ça ne lui plaît pas
beaucoup… Son petit frère
vole tous les bisous et bientôt,
il n'y en aura plus du tout !

Alors, Lila a une idée : elle va
en rassembler le plus possible,
faire une collection de bisous,
avant que Ben ne prenne tout
et qu'il n'en reste plus.

Maintenant,
à chaque fois que
Lila reçoit des bisous,

elle les cache bien vite
dans sa boîte à bisous !

Elle les dépose délicatement, pour ne surtout pas les abîmer :

Les plus **GROS** d'abord,

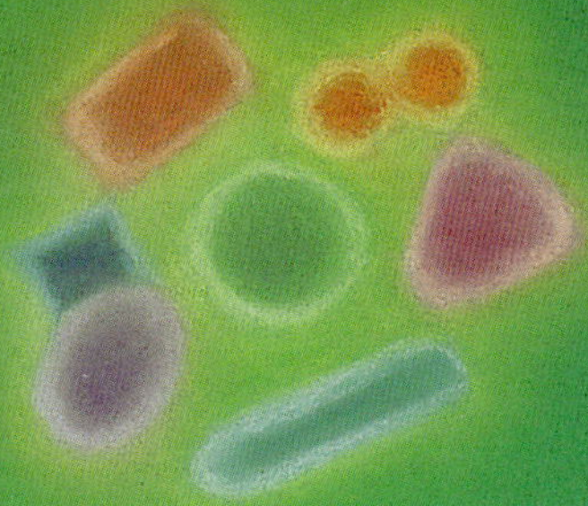

les petits ensuite,

et pour finir
les très f r a g i l e s,
ceux qu'on envoie en soufflant sur sa main.

Ils sont de plus en plus nombreux :

des bisous qui collent,

des bisous qui claquent,

des bisous roses,

des bisous rouges,

des sucrés

et des salés...

Lila contemple avec joie ce joli trésor :
tous ces bisous ne seront pas
pour son petit frère !

Maman passe alors dans
le couloir. Elle entend
Lila parler toute seule et,
curieuse, entre à pas de loup
dans la chambre.
- Qu'est-ce que c'est, Lila ?
Qu'y a-t-il dans cette boîte ?

Lila est tellement étonnée de voir Maman, tandis que sa boîte à bisous est grande ouverte, qu'elle en laisse tomber quelques bisous…

- Mais… Ce sont des bisous ! s'exclame Maman, en s'approchant. Lila, peux-tu me dire ce que tu fais ? Lila lui explique alors que Ben prend tous les bisous, que bientôt, il n'y en aura plus… Pour en avoir encore, elle les garde jalousement pour elle :

les bisous qui collent,
les bisous qui claquent,
les bisous roses,
les bisous rouges,
les sucrés et les salés...

Maman se met à rire. Lila ne comprend pas.
Qu'a-t-elle dit de si drôle ?

- Mais voyons ma chérie...
Il y aura toujours des bisous
pour toi et pour ton petit frère !
Il ne vous en manquera jamais,
ce n’est pas la peine de les cacher,
personne ne peut vous les voler !
- C’est vrai ?! s’écrie Lila.
On en aura toujours autant
qu’on en voudra ?

Aussitôt, Lila court dans la chambre de son petit frère. Elle ouvre grand sa boîte et jette en l'air tout son contenu :

des bisous qui claquent,

des bisous qui collent,

des bisous roses,

des bisous rouges,

des sucrés et des salés,

qui tombent délicatement
sur le front, le cou et le ventre
des deux petits voleurs de bisous !

Lila adore les bisous.
Elle en veut tout le temps...

Dessins de Lila

Des bisous qui collent,
des bisous qui claquent,
des bisous roses,
des bisous rouges,
des sucrés et des salés !

84, rue Amiral Coudé - 56400 AURAY
www.editionsmillefeuille.fr

Dépôt légal : décembre 2006
ISBN 10 : 2-916742-01-8 ISBN 13 : 978-2-916742-01-4

Achevé d'imprimer en novembre 2006 sur les presses d'I.M.B. à Bayeux (14)

Nos remerciements à Delphine Ratel et Corinne Lesimple.